Τιάρα Κλαμπ στο Ρουμπινένιο Μέγαρο

Για την πραγματικά υπέροχη πριγκίπισσα Άννα,
την κόρη της καταπληκτικής βασίλισσας Τζάνετ.
Β.Φ.

Συγγραφέας και τίτλος πρωτοτύπου:
VIVIAN FRENCH
«Princess Georgia and the Shimmering Pearl»

First published in Great Britain by Orchard Books in 2007

Μετάφραση: Πετρούλα Γαβριηλίδου
Διορθώσεις: Ελένη Μπολοβίνου

Παραγωγή: ΜΙΝΩΑΣ Α.Ε.Ε.

1η έκδοση στην Ελλάδα: Απρίλιος 2009

Τ.Θ. 504 88, 141 10 Ν. Ηράκλειο, ΑΘΗΝΑ
τηλ.: 210 27 11 222 – fax: 210 27 11 056
www.minoas.gr • e-mail: info@minoas.gr

ISBN 978-960-699-919-2

Τιάρα Κλαμπ στο Ρουμπινένιο Μέγαρο

Η Πριγκίπισσα Πόρτζια και το Αστραφτερό Διαμάντι

Κείμενο: Βίβιαν Φρεντς

Εικονογράφηση: Σάρα Γκιμπ

Μετάφραση: Πετρούλα Γαβριηλίδου

ΜΙΝΩΑΣ
ΕΚΔΟΣΕΙΣ

Βασιλική Ακαδημία Εκπαίδευσης για Ιδανικές Πριγκίπισσες

(γνωστή στις μαθήτριες ως *Πριγκιπική Ακαδημία***)**

Η ΑΡΧΗ ΤΟΥ ΣΧΟΛΕΙΟΥ ΜΑΣ:

Μια πριγκίπισσα σκέφτεται πάντα τους άλλους πριν από τον εαυτό της. Είναι ευγενική, φροντίζει όλους τους ανθρώπους και λέει πάντα την αλήθεια.

Η εκπαίδευση στο Ρουμπινένιο Μέγαρο είναι πλήρης, με έμφαση στη δημιουργία και τις τέχνες. Η σχολική ύλη περιλαμβάνει, εκτός των άλλων:

Δημιουργικές ιδέες για το Φεστιβάλ Φιλίας

Δημιουργία ανθοδεσμών (όλα τα αγκάθια θα πρέπει να αφαιρούνται)

Μπαλέτο για μια κορμοστασιά όλο χάρη και κομψότητα

Επίσκεψη στην έκθεση διαμαντιών (με ευχάριστη αφορμή τα γενέθλια της βασίλισσας Φαμπιόλα)

Η βασίλισσα Φαμπιόλα, η διευθύντρια του σχολείου, είναι παρούσα ανά πάσα στιγμή και οι μαθήτριες βρίσκονται υπό την προστασία της νεράιδας Τζέι και της βοηθού της, της νεράιδας Ανγκόρα.

Καθηγητικό προσωπικό:

ΒΑΣΙΛΙΑΣ ΜΠΕΡΝΑΡΝΤΟ Ο 4ος
(Διευθυντής του Ρουμπινένιου Μεγάρου)

ΛΑΙΔΗ ΑΡΑΜΙΝΤΑ
(Οικοδέσποινα της Πριγκιπικής Ακαδημίας)

ΛΑΙΔΗ ΧΑΡΙΣ
(Γραμματέας της βασίλισσας Φαμπιόλα)

ΒΑΣΙΛΙΣΣΑ ΜΗΤΕΡΑ ΜΑΤΙΛΝΤΑ
(Πρωτόκολλο, πόζες, ανθοδέσμες)

Απονέμουμε πόντους ΤΙΑΡΑ, για να ενθαρρύνουμε τις πριγκίπισσες να προχωρήσουν στο επόμενο στάδιο. Όλες οι πριγκίπισσες που κερδίζουν τους πόντους που χρειάζονται θα παραστούν σε έναν εορταστικό χορό, όπου θα τους απονεμηθούν οι ρουμπινένιες εσάρπες.

Οι πριγκίπισσες που έχουν κερδίσει τις ρουμπινένιες εσάρπες τους μπορούν να φοιτήσουν τον επόμενο χρόνο στο Μαργαριταρένιο Παλάτι, μια πολύ ιδιαίτερη σχολή για Ιδανικές Πριγκίπισσες που επιθυμούν εκπαίδευση ανωτέρου επιπέδου.

ΑΠΑΡΑΙΤΗΤΕΣ ΠΡΟΫΠΟΘΕΣΕΙΣ ΠΡΟΣΕΛΕΥΣΗΣ

Οι πριγκίπισσες πρέπει να προσέλθουν στην Ακαδημία το *λιγότερο* με:

ΕΙΚΟΣΙ ΤΟΥΑΛΕΤΕΣ ΧΟΡΟΥ
(με όλα τα απαραίτητα στεφάνια φορεμάτων, μεσοφόρια κ.λπ.)

ΕΙΚΟΣΙ ΚΑΘΗΜΕΡΙΝΑ ΦΟΡΕΜΑΤΑ

ΕΦΤΑ ΤΟΥΑΛΕΤΕΣ
κατάλληλες για πάρτι σε εξωτερικούς χώρους και άλλες ειδικές εκδηλώσεις

ΔΩΔΕΚΑ ΤΙΑΡΕΣ

ΠΑΠΟΥΤΣΙΑ ΧΟΡΟΥ
πέντε ζευγάρια

ΒΕΛΟΥΔΙΝΕΣ ΠΑΝΤΟΦΛΕΣ
τρία ζευγάρια

ΜΠΟΤΕΣ ΙΠΠΑΣΙΑΣ
δύο ζευγάρια

Μανδύες, μανσόν, εσάρπες, γάντια κι άλλα απαραίτητα πριγκιπικά αξεσουάρ

Γεια σου! Χαίρομαι που σε γνωρίζω!
Είμαι η πριγκίπισσα Τζόρτζια και μοιράζομαι τον Κόκκινο Κοιτώνα μαζί με τη Χλόη, την Τζέσικα, την Ολίβια, τη Λόρεν και την Έιμυ – και είμαστε κολλητές φίλες.
Προσπαθούμε να γίνουμε ΠΡΑΓΜΑΤΙΚΑ Ιδανικές Πριγκίπισσες αλλά… μάντεψε! Δεν είναι πάντα εύκολο!
Χαίρομαι που είσαι εδώ στο Ρουμπινένιο Μέγαρο μαζί μας – πρόσεχε όμως, γιατί εδώ είναι και οι απαίσιες δίδυμες, η Ντάιαμοντ και η Γκρουέλα. Είναι ΤΟΣΟ κακιές.
Αλλά εμείς θα σε προσέχουμε. Γιατί είσαι φίλη μας!

Κεφάλαιο Ένα

Η Χλόη ήταν η πρώτη που άρχισε να φτερνίζεται. Φτερνίστηκε δύο φορές κατά τη διάρκεια του πρωινού και περίπου πενήντα φορές κατά τη διάρκεια του πρώτου μαθήματος της ημέρας, που ήταν το *Βελούδινοι χιτώνες και πώς να τους φοράτε.* Μέχρι το μεσημέρι δε σταμάτησε να φτερνίζεται. Η μύτη της έτρεχε συνέχεια, τα μάτια της ήταν κόκκινα και η όψη της πολύ χλωμή. ΚΑΗΜΕΝΗ Χλόη.

—Ντομίζω ότι μπρέπει να μπω στη νεράιδα Τζέι πως ντεν νιώθω καλά, είπε.

Φυσικά, η νεράιδα Τζέι πήγε τη Χλόη κατευθείαν στα Ρουμπινένια Μαξιλάρια, εκεί που πάμε όταν είμαστε άρρωστες. Είναι ένα πανέμορφο δροσερό δω-

μάτιο στην κορυφή του Ρουμπινένιου Μεγάρου και δε μας πειράζει καθόλου να μας βάζουν εκεί, παρ' όλο που η λαίδη Αραμίντα είναι ΠΟΛΥ αυστηρή. Η λαίδη Αραμίντα είναι η διευθύντρια του νοσοκομείου. Η νεράιδα Τζέι (η νεραϊδονονά μας) μας επισκέπτεται πολύ συχνά για να δει πώς πάει η υγεία μας.Είναι

λίγο περίεργο, γιατί θα νόμιζε κανείς πως μια νεράιδα θα μπορούσε απλώς να κουνήσει το ραβδί της και να μας κάνει όλες καλά, αλλά αυτή δεν το κάνει. Λέει ότι είναι ζαβολιά και άσκοπη κατανάλωση καλής μαγείας.

Το απόγευμα άρχισε και η Λόρεν να φτερνίζεται και το βράδυ είχαμε απομείνει μόνο τέσσερις στον Κόκκινο Κοιτώνα – η Έιμυ, η Τζέσικα, η Ολίβια κι εγώ. Οι άλλες δύο ήταν κουκουλωμένες στα κρεβάτια τους στα Ρουμπινένια Μαξιλάρια, μπουκωμένες και, γενικά, σε κακά χάλια.

—Λες να είμαι εγώ η επόμενη; ρώτησε η Τζέσικα ελπίζοντας σε θετική απάντηση και κάθισε στο κρεβάτι της. Έχουμε αυτό το φοβερό τεστ αύριο και ΞΕΡΩ ότι θα αποτύχω. Δε θα μπορέσω ΠΟΤΕ να *Σχεδιάσω μία Ανθοδέσμη για να την Προσφέρω σε μια Ιδανική Πριγκίπισσα* – αλλά αν κολλήσω, θα γλιτώσω!

Η Ολίβια γέλασε.

—Λοιπόν, πριγκίπισσες, μην ξεχνάτε ότι μια Ιδανική Πριγκίπισσα δεν κάνει ΠΟΤΕ λάθη και ξέρει ΠΑΝΤΑ τις επιστημονικές ονομασίες όλων των λουλουδιών!

Η Ολίβια είναι ΠΟΛΥ έξυπνη – ήταν σαν να ακούμε τη Ματίλντα! Γελάσαμε όλες, αλλά το δικό μου γέλιο μετατράπηκε γρήγορα σε φτέρνισμα.

—Οχ! είπα και κοίταξα κάτω από το μαξιλάρι μου για χαρτομάντιλο. Τελικά, μάλλον εγώ θα είμαι αυτή που θα χάσει το τεστ.

Η Τζέσικα έκανε μια γκριμάτσα.

—Δεν είναι σωστό. Εσύ θα περάσεις σίγουρα – είσαι ΑΠΙΘΑΝΗ στο να φτιάχνεις ανθοδέσμες.

—Είσαι η καλύτερη από όλες, μου είπε η Έιμυ και χαμογέλασε. Οι δίδυμες ζηλεύουν ΤΟΣΟ πολύ!

Η Ολίβια κούνησε καταφατικά το κεφάλι.

—Η Ντάιαμοντ κόντεψε να σκάσει όταν ήταν η σειρά σου να φτιάξεις τα λουλούδια στα βάζα και είμαι σίγουρη ότι η Γκρουέλα προσπάθησε να ρίξει τα βάζα κάτω από τη ζήλια της.

—Ναι, την είδα, είπα. Αψού! ΑΑΑΑ-ΑΑΨΟΥ!

Η Έιμυ με κοίταξε ανήσυχη.

—Δε νιώθεις καλά; Θέλεις να φωνάξω τη νεράιδα Τζέι;

Κούνησα αρνητικά το κεφάλι μου.

—Νομίζω ότι απόψε θα είμαι εντάξει, είπα, αν και είχα ήδη αρχίσει να νιώθω λίγο περίεργα.

Το πρωί ένιωθα απαίσια και δεν πρόλαβα καν να ευχηθώ στις υπόλοιπες καλή επιτυχία, γιατί η νεράιδα Τζέι με άρπαξε και με πήγε αμέσως στα Ρουμπινένια Μαξιλάρια...

Αλλά, τελικά, καμιά μας δεν έδωσε το

τεστ. Το επόμενο πρωί που ξύπνησα είδα όλα τα κρεβάτια γεμάτα. Εμείς οι έξι

ήμασταν όλες άρρωστες και, επίσης, η Γκρουέλα και η Ντάιαμοντ.

—Νιώθω ΑΠΑΙΣΙΑ! γκρίνιαξε η Ντάιαμοντ.

—Δεν είσαι τόσο χάλια όσο εγώ, της είπε η Γκρουέλα. Εγώ είμαι σε ΦΡΙΧΤΗ κατάσταση!

—Γι' αυτό βρίσκεσαι εδώ, είπε η λαίδη Αραμίντα με αυστηρό ύφος και κουκούλωσε ακόμη περισσότερο τις δίδυμες, τόσο που σχεδόν δεν μπορούσαν να αναπνεύσουν.

Κεφάλαιο Δύο

Τις δύο πρώτες μέρες ήμασταν όλες πολύ χάλια και δεν είχαμε όρεξη για κουβέντα, αλλά την τρίτη μέρα ένιωθα ΠΟΛΥ καλύτερα. Η λαίδη Αραμίντα μού έβαλε θερμόμετρο και μετά το κοίταξε ευχαριστημένη.

—Τέλεια. Θα σε κρατήσω άλλες μια δυο μέρες προληπτικά, αλλά ήδη είσαι πολύ καλύτερα. Μπορείς να σηκωθείς, αν θέλεις, αλλά ΔΕ θα τρέχεις αποδώ κι αποκεί και δε θα ενοχλείς τις υπόλοιπες!

—Μάλιστα, λαίδη Αραμίντα, μουρμούρισα.

Η Ολίβια, που ήταν στο διπλανό κρεβάτι, μου χαμογέλασε.

—Θέλεις να παίξουμε; με ρώτησε. Ήρθε η νεράιδα Τζέι χθες, την ώρα που κοιμόσουν, και μας έφερε μια τράπουλα.

—Ωραία, είπα και πήδηξα από το κρεβάτι μου. Και τέρμα τα μαθήματα για δύο μέρες! Γιούπι!

Η Ολίβια κούνησε πέρα δώθε το κεφάλι της.

—Μη χαίρεσαι. Η νεράιδα Τζέι είπε ότι η ίδια και η Ματίλντα θα έρθουν το απόγευμα να δουν πώς πάμε και αν είμαστε σε θέση να δώσουμε το τεστ με τις ανθοδέσμες αύριο!

ΤΡΟΜΟΚΡΑΤΗΘΗΚΑ.

—Εννοείς ότι θα δώσουμε το τεστ εδώ; Ενώ είμαστε ακόμη άρρωστες;

Η Λόρεν με άκουσε και ήρθε στο κρεβάτι μου.

—Δεν είναι απαίσιο; Και επιπλέον δεν μπορούμε καν να προσποιηθούμε ότι είμαστε περισσότερο άρρωστες από ό,τι πραγματικά είμαστε, γιατί η νεράιδα Τζέι γνωρίζει ΠΑΝΤΑ αν είσαι άρρωστη ή όχι.

Έγνεψα καταφατικά. Αυτό είναι το πρόβλημα με τις νεραϊδονονές. Παραείναι έξυπνες.

—Καλά, λοιπόν, είπα, ας διασκεδάσουμε όσο μπορούμε.

Και αρχίσαμε να παίζουμε χαρτιά.

Όταν ήρθε η νεράιδα Τζέι το απόγευμα, εγώ είχα πέσει πάλι στο κρεβάτι. Είναι φοβερό πως τη μια στιγμή νιώθεις ΤΕΛΕΙΩΣ καλά και την επόμενη τα πόδια σου τρέμουν και προτιμάς να είσαι ξαπλωμένη σε μαλακά, πουπουλένια μαξιλαράκια.

Η νεράιδα Τζέι μπήκε στο δωμάτιο χαμογελαστή και η Ματίλντα την ακολούθησε.

—Λοιπόν, χρυσά μου, για να δούμε

πώς τα πάτε! Θα μπορέσετε αύριο να μας εντυπωσιάσετε με τις υπέροχες ανθοδέσμες σας; Ή είστε ακόμα μαραμένες; αστειεύτηκε η νεράιδα Τζέι.

—Είμαι σίγουρη ότι είναι ΑΡΚΕΤΑ καλά πια, είπε απότομα η Ματίλντα. Μια Ιδανική Πριγκίπισσα πρέπει να αντεπε-

ξέρχεται στις υποχρεώσεις της, ανεξάρτητα από την προσωπική της κατάσταση.

Σίγουρα δε βρήκε και πολύ αστεία τη νεράιδα Τζέι. Η νεράιδα Τζέι δεν απάντησε. Ψαχούλευε την τεράστια τσάντα της και τελικά έβγαλε ένα πανέμορφο

διαμάντι, κρεμασμένο σε μια μακριά ασημένια αλυσίδα.

—Το ήξερα ότι ήταν μέσα στην τσάντα! είπε χαρούμενη. Ποια νομίζει ότι είναι ακόμα πολύ αδύναμη για να δώσει το τεστ;

Η Γκρουέλα και η Ντάιαμοντ σήκωσαν τα χέρια τους.

—Χμμμ, είπε η νεράιδα Τζέι και τις κοίταξε καχύποπτα. Για να δούμε. Αυτή είναι η τελευταία μαγική μου εφεύρεση – είναι ένας Ανιχνευτής Αλήθειας!

Άρχισε να στριφογυρίζει το διαμάντι που έλαμπε απίστευτα πολύ.

— Ωωωω! είπα. Είναι ΚΑΤΑΠΛΗΚΤΙΚΟ!

—Ωραίο δεν είναι; είπε η νεράιδα Τζέι. Και τώρα, κοιτάξτε προσεκτικά...

—Περίεργα μαγικά είναι όλα αυτά νομίζω, ψιθύρισε η Ντάιαμοντ στην Γκρουέλα. Θα ήταν πολύ πιο χρήσιμο να μας έκανε καλά, αλλά υποθέτω ότι αυτό ΠΑΡΑΕΙΝΑΙ δύσκολο. Άλλωστε η νεράιδα Τζέι είναι απλώς μια νεραϊδονονά.

Είδα τη νεράιδα Τζέι να κοιτάζει την Ντάιαμοντ και ήμουν σίγουρη πως είχε ακούσει τα λόγια της, αλλά δεν τη μάλωσε. Αντιθέτως, χαμογέλασε.

—Φοβάμαι ότι δεν μπορώ να σας κάνω καλά, χρυσές μου, αλλά το διαμάντι θα μου πει αν είστε αρκετά καλά για το αυριανό διαγώνισμα.

Κοιτάζαμε το διαμάντι που γύρναγε γύρω γύρω και κάποια στιγμή σταμάτησε να λάμπει και έγινε γκρι.

—Είστε μια χαρά.

Η νεράιδα Τζέι κοίταξε τις δίδυμες

και έριξε πάλι το διαμάντι μέσα στην τσάντα της.

Η Γκρουέλα άρχισε να βογκάει.

—Μα νιώθω πολύ ζεστή και το κεφάλι μου γυρίζει.

—Θα είσαι μια χαρά μέχρι αύριο, πριγκίπισσα Γκρουέλα. Τα μαγικά της νεράιδας Τζέι δεν πέφτουν ΠΟΤΕ έξω. Η Ματίλντα δεν έμοιαζε να πτοείται. Θα σας δούμε το πρωί, είπε και έφυγε μαζί με τη νεράιδα Τζέι.

Ένα λεπτό αργότερα, είδαμε τη νεράιδα Τζέι να προβάλει από την πόρτα.

—Μην ξεχνάτε, χρυσά μου, ότι έχουμε ένα ΥΠΕΡΟΧΟ βραβείο για τη νικήτρια αλλά και για όλες τις φίλες της! είπε χαμογελώντας η νεράιδα Τζει και εξαφανίστηκε.

Κοιτάξαμε η μία την άλλη όταν είχε πια φύγει.

—Ένα υπέροχο βραβείο για ποιο πράγμα; ρώτησε η Χλόη.

—Ένα βραβείο για όποια σχεδιάσει την καλύτερη ανθοδέσμη, φυσικά, είπε σαρκαστικά η Ντάιαμοντ. Μου έριξε ένα άγριο βλέμμα και είπε: Και ξέρουμε όλες ποια νομίζει ότι θα νικήσει!

Σήκωσα αδιάφορα τους ώμους μου και τρύπωσα ξανά στο κρεβάτι μου.

—Θα δούμε αύριο τι θα γίνει, είπα. Καληνύχτα!

Κεφάλαιο Τρία

Το επόμενο πρωί ξύπνησα και ένιωθα υπέροχα! Πετάχτηκα αμέσως από το κρεβάτι, πήρα ένα χαρτί και μπογιές από τη βιβλιοθήκη της λαίδης Αραμίντα και άρχισα αμέσως να ζωγραφίζω τις ιδέες μου για την ανθοδέσμη. ΛΑΤΡΕΥΩ τα λουλούδια –οι γονείς μου έχουν το μεγαλύτερο κήπο που έχεις δει ποτέ– κι όταν ήμουν πιο μικρή, πέρναγα ατελείωτες ώρες δίπλα στον αρχικηπουρό μας.

Ζωγράφιζα λίγο άσκοπα μέχρι που μου ήρθε μια ιδέα. Αποφάσισα να βάλω πολλά είδη λουλουδιών, όπως φρέζιες με απαλό γαλάζιο χρώμα, ανεμώνες και ίριδες μοβ και κίτρινες και λευκά κρινάκια –θέλω να κάνω το μπουκέτο μου πολύ ντελικάτο– και μετά θα πλέξω έναν κισσό με μικρές, χαριτωμένες κορδελίτσες σε απαλό ροζ και μοβ για να τα δέσω.

Διασκέδαζα πάρα πολύ ζωγραφίζοντας όταν συνειδητοποίησα ότι η Γκρουέλα καθόταν από πάνω μου και κοίταζε.

—Τι είναι ΑΥΤΑ τα λουλούδια; ρώτησε.

Ήθελα ΠΑΡΑ πολύ να κρύψω τη ζωγραφιά μου, γιατί είχα ένα περίεργο συναίσθημα ότι η Γκρουέλα θα μου έκλεβε την ιδέα, αλλά οι *Ιδανικές Πριγκίπισσες*

σκέφτονται πάντα καλοπροαίρετα για τους άλλους. Αναστέναξα και της είπα ότι ήταν φρέζιες.

—ΕΓΩ θα φτιάξω την ανθοδέσμη μου με ΚΑΝΟΝΙΚΑ λουλούδια, είπε η Γκρουέλα περιφρονητικά. Με τριαντάφυλλα και κρίνα!

Πριν προλάβω να απαντήσω, η λαίδη Αραμίντα μπήκε φουριόζα στο δωμάτιο χτυπώντας παλαμάκια για να ξυπνήσει τις υπόλοιπες.

—Δεν είναι ώρα για να μουτζουρώνεις χαρτιά, πριγκίπισσα Τζόρτζια, μου είπε την ώρα που η Γκρουέλα απομακρυνόταν τρομαγμένη από κοντά μου. Εγώ δίπλωσα βιαστικά το σχέδιό μου και το έβαλα κάτω από το μαξιλάρι μου. Μας περιμένει πολλή δουλειά σήμερα το πρωί, συνέχισε η λαίδη Αραμίντα, και θέλω το δωμάτιο να είναι τακτοποιημένο και πεντακάθαρο πριν έρθει η Ματίλντα. Και..., η λαίδη Αραμίντα έκανε μια μικρή παύση και μας χαμογέλασε, σας έχουμε μια πολύ ευχάριστη έκπληξη! Η διευθύντρια, βασίλισσα Φαμπιόλα, αποφάσισε να έρθει εδώ η ίδια και να βαθμολογήσει τα σχέδιά σας!

Ήταν τόσο φανερό ότι περίμενε να ενθουσιαστούμε με αυτή την είδηση, που άρχισα να χειροκροτώ. Ύστερα από λίγα δευτερόλεπτα, με ακολούθησαν και οι υπόλοιπες και η λαίδη Αραμίντα χαμογέλασε ικανοποιημένη.

—Ωραία. Η βασίλισσα Φαμπιόλα έχει ήδη βαθμολογήσει τα σχέδια που παρέδωσαν οι πριγκίπισσες από το Ροζ Κοιτώνα, από τον Κίτρινο και από τους υπόλοιπους. Τώρα ήρθε η σειρά σας. Στρώστε τα κρεβάτια σας και πηγαίνετε

στην τραπεζαρία για πρωινό. Μόλις τελειώσετε, τα τραπέζια θα καθαριστούν και θα σας περιμένουν ξανά με χαρτί και χρώματα για το τεστ.

Συζητάγαμε πολύ όση ώρα τρώγαμε για τις ιδέες μας, αλλά η Ντάιαμοντ και η Γκρουέλα δε συμμετείχαν. Αντιθέτως, ψιθύριζαν συνέχεια η μία στην άλλη. Μόλις ήρθε η Ματίλντα, έτρεξαν αμέσως μπροστά της και υποκλίθηκαν.

–Μεγαλειοτάτη, σας παρακαλούμε πολύ, ξεκίνησε να λέει η Ντάιαμοντ φορώντας το πιο γλυκό της χαμόγελο. ΣΑΣ ΠΑΡΑΚΑΛΟΥΜΕ, μπορούμε να κάνουμε μαζί το σχέδιο; Έχουμε μια ΠΟΛΥ ωραία ιδέα!

–Μάλιστα, είπε και η Γκρουέλα και υποκλίθηκε ξανά. Και θα θέλαμε να δώσουμε στην ανθοδέσμη το όνομά σας για να σας τιμήσουμε.

Η Ματίλντα ήταν σκεπτική.

—Μμμμ..., είπε, υποτίθεται ότι η ανθοδέσμη προορίζεται για μια Ιδανική Πριγκίπισσα...

—ΣΑΣ ΠΑΡΑΚΑΛΟΥΜΕ, ικέτευσε η Ντάιαμοντ και χαμογέλασε σαχλά.

—Καλά, λοιπόν, χρυσά μου. Η Ματίλντα τούς έδωσε ένα φύλλο χαρτί κι αυτές έτρεξαν βιαστικά και ξεκίνησαν να ζωγραφίζουν.

—Χαίρομαι πολύ που βλέπω ότι τουλάχιστον δύο από εσάς ετοιμάστηκαν για το διαγώνισμα, είπε η Ματίλντα και ακούμπησε τα χαρτιά στο τραπέζι. Οι υπόλοιπες μπορείτε να ξεκινήσετε, όταν είστε έτοιμες – και να ΜΗΝ ξεχάσετε να βάλετε τα ονόματά σας στα σχέδια!

Δύο λεπτά αργότερα, στην τραπεζαρία επικρατούσε απόλυτη ησυχία.

Έπειτα από λίγο, η Ματίλντα σηκώθηκε και άρχισε να περπατά ανάμεσά μας χαζεύοντας τα σχέδια. Όταν κοίταξε το σχέδιο της Γκρουέλα και της Ντάιαμοντ,

την είδα να χαμογελά ευχαριστημένη.

—Υπέροχο! είπε. Πραγματικά υπέροχο!

Προχώρησε προς την Ολίβια και μετά προς την Τζέσικα. Την ώρα που έφτασε σε εμένα, είχα σχεδόν τελειώσει και, ενώ ξέρω ότι είναι ΦΡΙΧΤΟ να καυχιέται κανείς, ήμουν πολύ ευχαριστημένη με το αποτέλεσμα. Περίμενα ότι θα άρεσε πολύ και στη Ματίλντα, αλλά έκανα λάθος. Εκείνη έμεινε ακίνητη και με κοίταζε με ΠΑΓΩΜΕΝΟ ύφος.

—Πριγκίπισσα Τζόρτζια, είπε, ΔΕΝ περίμενα κάτι τέτοιο από μία Ιδανική Πριγκίπισσα.

Την κοίταξα κατάπληκτη. Δεν καταλάβαινα τι εννοούσε.

—Τς τς τς, είπε η Ματίλντα και με κοίταξε πολύ αυστηρά. Για να δούμε τι θα πει και η βασίλισσα Φαμπιόλα γι' αυτό,

Τζόρτζια. Και αν δεν κάνω λάθος, την ακούω να έρχεται!

Η Ματίλντα είχε δίκιο. Ένας σαλπιγκτής μπήκε στο δωμάτιο και έπαιξε δυνατά ένα ΤΑΡΑ ΤΑ ΤΑ. Όταν τέλειωσε, υποκλίθηκε και έκανε στην άκρη για να περάσει η βασίλισσα Φαμπιόλα και η νεράιδα Τζέι.

Η νεράιδα Τζέι έτριβε τα αυτιά της.

—Πρέπει να φυσάει πάντα ΤΟΣΟ δυνατά; γκρίνιαξε.

Η βασίλισσα Φαμπιόλα κούνησε το χωνί που είχε για να ακούει καλύτερα.

—Μα έχει ΠΛΑΚΑ, νεράιδα Τζέι! Και η ένταση μου φαίνεται θαυμάσια! Χαμογέλασε σε όλες μας και είπε: Δε νομίζετε κι εσείς ότι έχει πλάκα;

Υποκλιθήκαμε πολύ βαθιά και είπαμε:

—Μάλιστα, Μεγαλειοτάτη, αν και τα αυτιά μας βούιζαν ακόμα.

—Τέλεια! Τέλεια! είπε και η διευθύντριά μας χαμογέλασε πάλι. Και τώρα,

ας δούμε τα σχέδιά σας με τα ωραία μπουκέτα. Ο Ροζ Κοιτώνας και οι υπόλοιπες τα πήγαν πολύ καλά και ανυπομονώ να δω εσείς τι κάνατε.

Η Ματίλντα προχώρησε μπροστά κρατώντας στα χέρια της το σχέδιό μου.

—Μια στιγμή, Μεγαλειοτάτη, είπε με ΠΟΛΥ σοβαρό ύφος. Έχουμε ένα πρόβλημα.

Και της έδωσε το σχέδιό μου.

Κεφάλαιο Τέσσερα

Η καρδιά μου χτυπούσε τόσο δυνατά, που κόντευε να σπάσει, όσο κοίταζα τη βασίλισσα Φαμπιόλα να περιεργάζεται το σχέδιό μου.

—Μα αυτό είναι ΘΑΥΜΑΣΙΟ! είπε τελικά.

Η Ματίλντα κούνησε το κεφάλι της αποδοκιμαστικά.

—Πριγκίπισσα Γκρουέλα! Πριγκίπισσα Ντάιαμοντ! Φέρτε, σας παρακαλώ, το σχέδιό σας, πρόσταξε.

Η Γκρουέλα και η Ντάιαμοντ πετάχτηκαν αμέσως και υποκλίθηκαν. Κοίταξαν ταπεινά τη βασίλισσα Φαμπιόλα και η Γκρουέλα μουρμούρισε:

—Είναι ΜΕΓΑΛΗ μας τιμή, Μεγαλειοτάτη, να σας δείξουμε το σχέδιό μας.

Η Ντάιαμοντ όμως προσπαθούσε να δει το χαρτί που είχε ήδη στα χέρια της η βασίλισσα Φαμπιόλα.

—Α! ΟΥΡΛΙΑΞΕ και άρχισε να κουνάει τα

χέρια της στον αέρα. Γκρουέλα, ΚΟΙΤΑ! Η Τζόρτζια αντέγραψε το σχέδιό μας!

Με κοίταξε θριαμβευτικά και κατά-

λαβα αμέσως ότι είχαν σχεδιάσει τι θα κάνουν και τι θα πουν.

Η βασίλισσα Φαμπιόλα κοίταξε και τα δύο σχέδια. Πράγματι, ήταν σχεδόν ίδια.

—Φοβάμαι πως δεν υπάρχει αμφιβολία ότι η Τζόρτζια αντέγραψε, είπε η Ματίλντα στη διευθύντριά μας. Οι δίδυμες ξεκίνησαν να ζωγραφίζουν πριν από όλες τις υπόλοιπες.

—Πράγματι, είπε η Γκρουέλα αυτάρεσκα. Εμείς ξεκινήσαμε πρώτες, έτσι δεν είναι, Ντάιαμοντ; Οπότε αυτό αποδεικνύει την ενοχή της Τζόρτζια.

—Μια στιγμή! είπε η νεράιδα Τζέι και η φωνή της ακούστηκε αιχμηρή. Νομίζω ότι η πριγκίπισσα Τζόρτζια έχει δικαίωμα να πει τη γνώμη της για αυτή την περίεργη σύμπτωση.

Κοίταξα με ευγνωμοσύνη τη νεράιδα Τζέι, αλλά ήταν δύσκολο να βρω κάτι να πω χωρίς να γίνω μαρτυριάρα. Έκανα μια μικρή υπόκλιση.

—Λυπάμαι, αλλά δεν μπορώ να το εξηγήσω. Έκανα ένα προσχέδιο σήμερα το πρωί, πριν από το πρωινό, και εδώ απλώς αποτέλειωσα την αρχική μου ιδέα... αυτό είναι όλο, είπα.

—Ψέματα! με διέκοψε η Ντάιαμοντ. Μας αντέγραψε! Είμαι σίγουρη!

—ΣΙΩΠΗ!

Όταν η νεράιδα Τζέι θυμώνει, γίνεται τεράστια και πολύ τρομακτική. Στάθηκε από πάνω μας και ακόμη και η βασίλισσα Φαμπιόλα τρόμαξε.

—Μπορείς να μας δείξεις το προσχέδιο; με ρώτησε η νεράιδα Τζέι. Μπορεί να έδειχνε θυμωμένη, αλλά η φωνή της ήταν ευγενική.

Ήμουν έτοιμη να πω ότι δε θυμόμουν

πού το είχα βάλει – αλλά ξαφνικά θυμήθηκα!

—Ναι! είπα. Το έχω κάτω από το μαξιλάρι μου...

Η Ματίλντα είχε αρχίσει να δυσανασχετεί.

—Δε νομίζω ότι υπάρχει λόγος για όλα αυτά, νεράιδα Τζέι, παραπονέθηκε.

Μου φαίνεται ότι πρόκειται για καθαρή περίπτωση αντιγραφής!

Η νεράιδα Τζέι άνοιξε την τσάντα της, έβγαλε το υπέροχο διαμάντι και άρχισε να το κουνάει σε κύκλους. Εγώ ξεροκατάπια. Το διαμάντι είχε χάσει το υπέροχο χρώμα του και είχε γίνει ΜΑΥΡΟ!

—ΚΑΠΟΙΑ δε λέει την αλήθεια, είπε και γύρισε προς τη λαίδη Αραμίντα. Αγαπητή λαίδη, μπορείτε, σας παρακαλώ, να κοιτάξετε κάτω από το μαξιλάρι της Τζόρτζια;

Η λαίδη Αραμίντα έτρεξε γρήγορα. Η καρδιά μου τώρα χτυπούσε ακόμη πιο δυνατά... Κι αν δεν ήταν πια εκεί το σχέδιο; Αλλά έπειτα από λίγο, η λαίδη γύρισε κρατώντας το διπλωμένο μου σχέδιο στο χέρι.

—Η αλήθεια είναι, είπε, πως είδα την πριγκίπισσα Τζόρτζια να ζωγραφίζει σήμερα το πρωί. Ήταν μαζί με την πρι-

γκίπισσα Γκρουέλα, λίγο πριν από το πρωινό.

Η νεράιδα Τζέι έγνεψε καταφατικά και κρέμασε το διαμάντι πάνω από το σχέδιό μου. Μεμιάς, άστραψε πάλι και φεγγοβολούσε. Μετά η νεράιδα Τζέι το κρέμασε πάνω από το σχέδιο της Ντάιαμοντ και της Γκρουέλα... Το διαμάντι έγινε στην αρχή σκούρο πράσινο και σιγά σιγά έγινε μαύρο.

Ακολούθησε μια μακριά σιωπή και μετά η Γκρουέλα άρχισε να κλαψουρίζει.

—Δεν αντιγράψαμε ΑΚΡΙΒΩΣ το σχέδιο της Τζόρτζια. Απλώς του έριξα μια ματιά όταν τη ρώταγα για τα λουλούδια...

—Έτσι είναι, συμφώνησε η Ντάιαμοντ. Μάλλον πήραμε κάποιες ιδέες κατά λάθος.

Η βασίλισσα Φαμπιόλα έβαλε το χωνί στο αυτί της.

—Τι; Τι είπες, παιδί μου; Κατά λάθος; Ποιος έκανε λάθος;

– Νομίζω ότι η πριγκίπισσα Γκρουέλα και η πριγκίπισσα Ντάιαμοντ έκαναν λάθος, Μεγαλειοτάτη, είπε η νεράιδα Τζέι κάνοντας μια γκριμάτσα. Ένα πολύ δυσάρεστο λάθος.

Η Ντάιαμοντ κοίταξε την Γκρουέλα και η Γκρουέλα την Ντάιαμοντ. Κατακοκκίνισαν και μετά η Ντάιαμοντ είπε χωρίς να πάρει ανάσα:

—Λυπόμαστε πολύ που φαίνεται σαν να αντιγράψαμε το σχέδιο της Τζόρτζια, γιατί δεν το αντιγράψαμε και δεν είχαμε σκοπό να κάνουμε ένα ίδιο, αλλά απλώς έτυχε, γιατί είμαστε τόσο ΑΡΡΩΣΤΕΣ ακόμα.

Και έπιασε το χέρι της Γκρουέλα τραβώντας την έξω από την τραπεζαρία. Η Χλόη, που ήταν πιο κοντά στην πόρτα,

μου είπε μετά ότι τις είδε να τρέχουν στα κρεβάτια τους και να σκεπάζονται μέχρι το κεφάλι.

—Νομίζω, είπε ήρεμα η νεράιδα Τζέι, ότι πρέπει να αφήσουμε τις δίδυμες να σκεφτούν τι έκαναν.

Η Ματίλντα έδειχνε αναστατωμένη.

—Δηλαδή, αν κατάλαβα καλά, οι *δίδυμες* αντέγραψαν; ρώτησε και με χάιδεψε στο κεφάλι. Λυπάμαι πολύ, Τζόρτζια. Ήμουν ΠΟΛΥ βιαστική στην κρίση μου!

—Είμαι σίγουρη ότι η πριγκίπισσα Τζόρτζια σας έχει συγχωρήσει, είπε η βασίλισσα Φαμπιόλα. Εξάλλου, δεν υπάρχει αμφιβολία ότι είναι αυτή που κέρδισε το διαγωνισμό για την πιο όμορφη ανθοδέσμη. Νεράιδα Τζέι, μπορείτε να κάνετε τα μαγικά σας;

Κεφάλαιο Πέντε

Δεν ήξερα πού να πρωτοκοιτάξω. Όλα είχαν γίνει τόσο γρήγορα. Αντί να τιμωρηθώ, είχα νικήσει! Και η νεράιδα Τζέι κούνησε το ραβδί της και λουλούδια άρχισαν να ξεπροβάλλουν από παντού... τα λουλούδια που είχα επιλέξει.

—Ελάτε, λοιπόν, πριγκίπισσες του Κόκκινου Κοιτώνα! μας φώναξε με ένα χαμόγελο η νεράιδα Τζέι. Η Τζόρτζια θα σας πει τι θα κάνετε! Θέλουμε καθεμία να έχει μία υπέροχη ανθοδέσμη...

Και είχαμε. Νομίζω πάντως ότι η νεράιδα Τζέι μάλλον είχε χρησιμοποιήσει λίγη παραπάνω νεραϊδόσκονη, γιατί σχεδόν από μόνα τους τα λουλούδια πήγαιναν στη θέση τους και οι κορδέλες τυλίγονταν πανέμορφα τριγύρω τους. Μέσα σε ελάχιστο χρόνο η καθεμία κρατούσε μια ΜΑΓΕΥΤΙΚΗ ανθοδέσμη – και δεν το λέω για να καυχηθώ. Αλήθεια. Τα λουλούδια ήταν τόσο μα ΤΟΣΟ όμορφα και η νεραϊδόσκονη τα είχε κάνει να λάμπουν ακόμη περισσότερο.

Η βασίλισσα Φαμπιόλα μάς χαμογέλασε.

—Ωραία! είπε. Έξι όμορφα μπουκέτα για έξι Ιδανικές Πριγκίπισσες!

Και θα δείτε πόσο πολύ θα αντέξουν...
Έτσι δεν είναι, νεράιδα Τζέι;

Η νεράιδα Τζέι έγνεψε καταφατικά.

—Έτσι είναι, είπε. Α, υπάρχει και κάτι ακόμη που ξέχασα να κάνω...

Έπιασε το διαμάντι και το κούνησε γύρω γύρω, μέχρι που άρχισε να γυαλίζει και μετά να λάμπει και να γίνεται τόσο υπέροχο όσο ήταν όταν το είχαμε πρωτοδεί.

—Τέλεια! είπε η νεράιδα Τζέι. Αν και νομίζω ότι το καημένο δεν έχει πια τόσες δυνάμεις. Για να δοκιμάσω άλλη μία φορά...

Και τότε έγινε κάτι ΚΑΤΑΠΛΗΚΤΙΚΟ!

Μπροστά μας εμφανίστηκαν τα πιο υπέροχα, μαγευτικά φορέματα που μπορείς να φανταστείς στο χρώμα του διαμαντιού... με εσάρπες στα χρώματα των λουλουδιών, γαλάζιο, ροζ, μοβ, για να ταιριάζουν με τις ανθοδέσμες μας.

Κοιτάξαμε η μία την άλλη με μάτια ορθάνοιχτα.

— ΕΥΧΑΡΙΣΤΟΥΜΕ! είπαμε. Είναι ΚΑΤΑΠΛΗΚΤΙΚΑ!

—Σας είπαμε ότι υπάρχει και βραβείο, είπε η νεράιδα Τζέι. Αλλά αρκετά για σήμερα! Αύριο θα επιστρέψετε στο

Ρουμπινένιο Μέγαρο... οπότε διασκεδάστε σήμερα, αλλά ήρεμα!

—Θα φροντίσω ΕΓΩ γι' αυτό, είπε αυστηρά η λαίδη Αραμίντα. Και τώρα νομίζω ότι ήρθε η ώρα για λίγη ανάπαυση.

Η βασίλισσα Φαμπιόλα κοίταζε έκπληκτη.

—Ανάταση; Μα μόλις αναρρώσανε. Δεν πρέπει να γυμναστούν!

Δεν μπορέσαμε να μη γελάσουμε...

Όταν η λαίδη Αραμίντα μάς έβαλε στα κρεβάτια μας εκείνο το βράδυ, έριξα μια τελευταία ματιά στα μπουκέτα που βρίσκονταν στα κομοδίνα μας και δεν μπορούσα να πάψω να σκέφτομαι πόσο ΤΥΧΕΡΗ είμαι που βρίσκομαι στο Ρουμπινένιο Μέγαρο... και που έχω τις φίλες μου εδώ... και ειδικά εσένα!

Τι συμβαίνει μετά στην Ακαδημία;
Διάβασε τη συνέχεια:

Η Πριγκίπισσα Ολίβια
και ο **Βελούδινος Μανδύας**

Γεια σου! Είμαι η πριγκίπισσα Ολίβια,
μία από τις πριγκίπισσες του Κόκκινου Κοιτώνα,
και χαίρομαι πολύ που είσαι κι εσύ εδώ μαζί μας.
Ίσως ξέρεις ήδη τη Χλόη, την Τζέσικα,
την Τζόρτζια, τη Λόρεν και την Έιμυ.
Είναι οι καλύτερες φίλες μου και είναι ΥΠΕΡΟΧΕΣ!
Το ακριβώς αντίθετο από τις δίδυμες, την Ντάιαμοντ
και την Γκρουέλα. Ξέρω ότι οι Ιδανικές
Πριγκίπισσες δεν πρέπει να σκέφτονται
άσχημα για τις άλλες πριγκίπισσες, αλλά αυτές
οι δύο είναι ΠΡΑΓΜΑΤΙΚΑ απαίσιες.

Τιάρα Κλαμπ

Η Πριγκίπισσα Έιμυ
και η Χρυσή Άμαξα

Η Πριγκίπισσα Χλόη
και το Τριανταφυλλένιο Φόρεμα

Η Πριγκίπισσα Πόρτζια
και το Αστραφτερό Διαμάντι

Η Πριγκίπισσα Πέσικα
και το Βραχιόλι της Φιλίας

Η Πριγκίπισσα Λόρεν
και το Διαμαντένιο Κολιέ

Η Πριγκίπισσα Ολίβια
και ο Βελούδινος Μανδύας

Τιάρα Κλαμπ

Επισκεφθείτε την ιστοσελίδα του ΤΙΑΡΑ ΚΛΑΜΠ

www.tiaraclub.co.uk

Θα βρείτε παιχνίδια για Ιδανικές Πριγκίπισσες

και θα μάθετε τα νέα του ΤΙΑΡΑ ΚΛΑΜΠ!

Τιάρα
Κλαμπ

Η Πριγκίπισσα Σαρλότ
και ο Πριγκιπικός Χορός

Η Πριγκίπισσα Κέιτ
και το Ασημένιο Πόνι

Η Πριγκίπισσα Νταίζυ
και ο Λαμπερός Δράκος

Η Πριγκίπισσα Αλίκη
και ο Μαγικός
Καθρέφτης

Η Πριγκίπισσα Σοφία
και η Απίστευτη
Έκπληξη

Η Πριγκίπισσα Έμιλυ
και η Πανέμορφη
Νεράιδα

Τιάρα Κλαμπ στον Ασημένιο Πύργο

Η Πριγκίπισσα Σαρλότ και το Μαγεμένο Τριαντάφυλλο

Η Πριγκίπισσα Κέιτ και το Σκουπόξυλο που Χορεύει

Η Πριγκίπισσα Νταίζυ και το Μαγικό Λούνα Παρκ

Η Πριγκίπισσα Αλίκη και το Κρυστάλλινο Γοβάκι

Η Πριγκίπισσα Σοφία και το Πάρτι του Πρίγκιπα

Η Πριγκίπισσα Έμιλυ και το Πεφταστέρι

Τιάρα Κλαμπ στο Ρουμπινένιο Μέγαρο

Η Πριγκίπισσα Έιμυ και η Χρυσή Άμαξα

Η Πριγκίπισσα Χλόη και το Τριανταφυλλένιο Φόρεμα

Η Πριγκίπισα Τζόρτζια και το Αστραφτερό Διαμάντι

Η Πριγκίπισσα Τζέσικα και το Βραχιόλι της Φιλίας

Η Πριγκίπισσα Λόρεν και το Διαμαντένιο Κολιέ

Η Πριγκίπισσα Ολίβια και ο Βελούδινος Μανδύας